Esther von Krosigk

Worüber der Papst lacht II

Esther von Krosigk

Worüber der Papst lacht II

Anekdoten, Aperçus und Allerlei über Benedikt XVI.

AV Akademikerverlag

Impressum / Imprint

Bibliografische Information der Deutschen Nationalbibliothek: Die Deutsche Nationalbibliothek verzeichnet diese Publikation in der Deutschen Nationalbibliografie; detaillierte bibliografische Daten sind im Internet über http://dnb.d-nb.de abrufbar.

Alle in diesem Buch genannten Marken und Produktnamen unterliegen warenzeichen-, marken- oder patentrechtlichem Schutz bzw. sind Warenzeichen oder eingetragene Warenzeichen der jeweiligen Inhaber. Die Wiedergabe von Marken, Produktnamen, Gebrauchsnamen, Handelsnamen, Warenbezeichnungen u.s.w. in diesem Werk berechtigt auch ohne besondere Kennzeichnung nicht zu der Annahme, dass solche Namen im Sinne der Warenzeichen- und Markenschutzgesetzgebung als frei zu betrachten wären und daher von jedermann benutzt werden dürften.

Bibliographic information published by the Deutsche Nationalbibliothek: The Deutsche Nationalbibliothek lists this publication in the Deutsche Nationalbibliografie; detailed bibliographic data are available in the Internet at http://dnb.d-nb.de.

Any brand names and product names mentioned in this book are subject to trademark, brand or patent protection and are trademarks or registered trademarks of their respective holders. The use of brand names, product names, common names, trade names, product descriptions etc. even without a particular marking in this works is in no way to be construed to mean that such names may be regarded as unrestricted in respect of trademark and brand protection legislation and could thus be used by anyone.

Coverbild / Cover image: www.ingimage.com

Verlag / Publisher:
AV Akademikerverlag GmbH & Co. KG
Heinrich-Böcking-Str. 6-8, 66121 Saarbrücken, Deutschland / Germany
Email: info@akademikerverlag.de

Herstellung: siehe letzte Seite /
Printed at: see last page
ISBN: 978-3-639-45973-9

Inhaltsverzeichnis

Vorwort

Nach dem großen Erfolg des ersten Buches „Worüber der Papst lacht" folgt nun Teil II - mit alten und vielen neuen Anekdoten rund um Benedikt XVI.

Es ist erstaunlich, wie häufig der deutsche Papst Anlaß zum Schmunzeln gibt - wo doch sein Bild in der Öffentlichkeit eher das eines ernsthaften Menschen ist. Aber vielleicht ist es die Art und Weise wie "normal" und selbstverständlich Benedikt XVI. Situationen angeht, so etwa, dass er bei Besuchen im Hause seines Bruders Georg persönlich den Abwasch erledigt.

Immer wieder meldeten sich bei uns Leser, die nach der Lektüre des ersten Büchleins meinten: "Das hätte ich von Ratzinger überhaupt nicht erwartet!" Dass er nämlich nachts Hanuta nascht oder für die Sendung "Drei Engel für Charlie" schwärmt. Über solche Reaktionen haben wir uns sehr gefreut, war es uns doch ein Anliegen, mit unseren Geschichten zu überraschen und das Bild von Joseph Ratzinger abzurunden. Besonders gefreut hat uns auch, dass es "Worüber der Papst lacht" nun auch auf Polnisch gibt.

Viel Vergnügen wünscht Ihnen

Esther von Krosigk
November 2006

"Dass mein Leben so von Anfang an... ins Ostergeheimnis eingetaucht war, hat mich immer mit Dankbarkeit erfüllt, denn das konnte nur ein Zeichen des Segens sein."[1]

Papst Benedikt XVI.

---

[1]Ratzinger, J. Kardinal (1998). Aus meinem Leben. Erinnerungen (1927-1997). München: Wilhelm Heyne Verlag, S. 8.

Seine Eltern hießen Joseph und Maria und er wurde am Karsamstag 1927 geboren. Vier Stunden nach seiner Geburt, um halb neun Uhr morgens, war Joseph Ratzinger der erste Täufling des `neuen´ Wassers – jenes Taufwassers, das soeben geweiht worden war. Denn zu jener Zeit feierte man die Osternacht am Vormittag. Noch heute sieht Papst Benedikt XVI. den Zeitpunkt seiner Geburt als besondere Fügung an.

An jenem Morgen stürmte und schneite es draußen und der dreijährige Georg, Joseph Ratzingers älterer Bruder, fragte den Vater, ob er aufstehen dürfe. Der Vater verneinte. Sagte, es sei gerade ein Brüderchen geboren worden. Er müsse lernen, sich zu gedulden.

Familie Ratzinger zog 1929 um nach Tittmoning. Das Land an Inn und Salzach nennt der Papst noch heute das `Traumland meiner Kindheit´. Es hatte etwas romantisches, verträumtes – der Junge staunte besonders über die hell erleuchteten und wunderschön geschmückten Auslagen der Geschäfte in der Weihnachtszeit.

◊

In Tittmoning galt das Haus der Familie Ratzinger als das schönste am Stadtplatz. Die Räume innen jedoch waren nicht so herrschaftlich und bequem wie es von außen den Anschein hatte – im Gegenteil: einige Böden waren brüchig, die Stiegen hoch, die Räume voller Ecken und Winkel. Zum Spielen war das ideal, doch die Mutter bemerkte öfters, dass ihr das Haus recht viel Mühe bereite.

◊

In Tittmoning gab es eine barocke Klosterkirche, die einst den Augustiner-

Chorherren gehört hatte. Wenn sich Joseph Ratzinger an die Kindheit erinnert, dann war es dieser Pfarrhof auf einer Anhöhe oberhalb der Stadt, der ihm etwas ganz Besonderes gewesen war.

Kurz vor Weihnachten 1932 zog Familie Ratzinger von Tittmoning um nach Aschau am Inn. Der Grund war ein politischer: Vater Ratzinger hatte sich dorthin versetzen lassen, um als Polizist nicht immer den Scherereien mit den Nazis ausgesetzt zu sein. In Aschau bezog die Familie eine elegante Villen-Wohnung mit großem Vorgarten. Darin fand sich ein Karpfenteich, in welchem die Ratzinger-Brüder angelten und wo der junge Joseph einmal fast ertrunken wäre.

Als Kinder hatten sich Joseph Ratzinger und sein älterer Bruder Georg "Josepherl" und "Georgerl" gerufen. Seit Joseph in Rom lebt und zunehmend die italienische Lebensart annimmt, ruft ihn Georg "Guiseppe", was bei ihm irgendwie wie eine Mischung aus bayerisch und italienisch klingt.

◊

Die beiden Ratzingerbrüder wußten bald, was sie später werden wollen. Nicht etwa Lokomotivführer oder Polizist wie viele ihrer Kameraden... Georg, der Ältere, wollte Domkapellmeister werden. Joseph ließ sich mit seiner Entscheidung etwas länger Zeit. Doch als Kardinal Faulhaber einmal in die Gegend kam, zeigte sich Joseph angetan vom Purpur des Kardinals und war sich sicher: "So will ich auch werden."

Joseph Ratzinger kam 1937 in das 'humanistische Gymnasium' in Traunstein, das ungefähr eine halbe Stunde Fußweg von seinem Elternhaus entfernt war. Dort lernte er Latein und Griechisch, wie es damals üblich war. Später war er für all diese Mühen dankbar, weil er als Theologe keine Probleme hatte, in Rom beim Konzil den lateinischen Vorlesungen zu folgen.

Bereits als Zehnjähriger folgte Joseph einem genauen Tagesplan. Sein Bruder Georg: "Nach dem Essen hat er sich etwas ausgeruht und dann seine Hausaufgaben gemacht. Alles immer nach dem Motto: 'Erst kommt die Pflicht!'"

Schulkameraden erzählen, dass Joseph
Ratzinger ein Musterschüler gewesen sei:
schüchtern, aber geradezu allwissend und
ständig mit Lektüre beschäftigt. Vor allem
aber habe er Freude am spielerischen
Zelebrieren von Messen gehabt
- wobei Schulfreundinnen als Ministranten
fungieren mussten.

Im Gymnasium begeisterte sich Ratzinger für
die lateinischen und griechischen Klassiker,
für die Mathematik. Und er hatte die
deutsche Literatur entdeckt. Er las vor allem
Goethe und die Schriftsteller des
19. Jahrhunderts wie Eichendorff, Mörike,
Storm und Stifter.

Kindheit

Im Traunsteiner Gymnasium war Joseph Ratzinger Klassenbester und sehr beliebt, weil er seine Kameraden gerne und häufig abschreiben ließ und Nachhilfeunterricht gab, ohne eine Gegenleistung dafür zu erwarten.

◊

Als Georg und Joseph aufs Gymnasium gingen, weigerten sie sich der Hitlerjugend beizutreten. Als Folge mußten sie Schuldgeld bezahlen, das die Mutter als einfache Saisonarbeiterin mühsam verdiente. Man lebte monastisch, um über die Runden zu kommen. Die Mutter machte die Seife selber, Schokolade gab es nie.

◊

Im Jahre 1939 konnte sich Joseph nicht mehr verweigern und musste der `Pflicht-HJ' beitreten. 1943 wurde er als Flakhelfer eingesetzt. Beides viel ihm sehr schwer, hatte er doch gar nichts Militärisches an sich. Seine Kameraden nannten ihn den Schrecken der Unteroffiziere. Seine soldatische Unfähigkeit gipfelte darin, dass er im schrecklichsten aller Kriege nicht einen einzigen Schuss abgab.

◊

Wenige Tage vor Kriegsende wäre Joseph Ratzinger beinahe erschossen worden. Bei der Heimkehr nach Traunstein traf er unvermittelt auf zwei Soldaten, die Fahnenflüchtige töten sollten. Doch als sie sahen, dass er verwundet war, ließen sie ihn laufen.

◊

Kaum zu glauben, aber wahr: Die Eltern von Papst Benedikt XVI., Joseph und Maria Ratzinger, haben sich über eine Zeitungsannonce kennen gelernt.

Kindheit

Im März 1920 gab Joseph Ratzinger erstmalig ein Inserat im katholischen Wochenblatt "Altöttinger Liebfrauenbote" auf. Der Text lautete wörtlich: "Niederer Staatsbeamter, ledig, katholisch, 43 Jahre alt, tadellose Vergangenheit, aus dem Lande, sucht sich mit einem guten, katholischen, reinlichen Mädchen, das gut kochen und alle Hausarbeiten kann, auch im Nähen bewandert ist und Einrichtung besitzt, baldig zu verehelichen."
Da der erste Versuch nicht das erwünschte Ergebnis brachte, setzte Joseph Ratzinger im Juli ein zweites Inserat auf. Noch mit dem Zusatz: Ein Vermögen sei keine Bedingung, aber erwünscht. Daraufhin meldete sich die Köchin Maria Peitner, 36 Jahre, Tochter einer Dienstmagd und eines Bäckers, die seinen Vorstellungen zu entsprechen schien:
Die beiden heirateten nur wenige Monate später im Ort Pleiskirchen - zehn Kilometer nördlich des Wallfahrtsortes Altötting.
Die Anzeige wird im Bayerischen Staatsarchiv, München, verwahrt. Dem Papst und seinen Geschwistern war die Geschichte bekannt.

*Den jungen Joseph Ratzinger verband mit
seinem Studium vor allem anderen
ein großer Hunger nach Erkenntnis.*

Zum Ende des Jahres 1945 trat Joseph Ratzinger als Seminarist in das Freisinger Priesterseminar ein. Dort absolvierte er das Studium der Philosophie als Voraussetzung für die Priesterweihe. Gemeinsam mit seinen 120 Mitseminaristen war Joseph Ratzinger dankbar, dem Wahnsinn des Krieges entronnen zu sein und nun ganz und gar Christus dienen zu können.

Der junge Seminarist Joseph Ratzinger liebte die Romane von Gertrud von Le Fort, Elisabeth Langgässer, Ernst Wiechert und Fjodor Dostojewski, aber auch die naturwissenschaftlichen Texte von Planck, Heisenberg, Einstein und Aloys Wenzel. Zu seinen Favoriten unter den Theologen und Philosophen zählten Romano Guardini, Josef Pieper, Theodor Häcker und Peter Wust.

◊

Während des Studiums unterzogen ihn seine
Kommilitonen einer Mutprobe. So mußte er
auf ihre Aufforderung hin seinen Professor
darum bitten, früher gehen zu dürfen, weil er
noch Rollschuhe kaufen und die Hauptstraße
hinunter rasen müsse.
Joseph Ratzinger hatte Glück, denn der
Professor war ein gutmütiger Jesuit, der über
diesen Witz lachte und ihn gerne gehen ließ.

Als junger Student fiel der spätere Papst oft
durch seine scherzhaften Wortspiele auf.
Durch die Mensa schallte beinahe täglich
sein: „Habemus Kartoffelmus!"

Über die Familie Ratzinger berichtet ein
Freund, dass sie herzensgute Leute waren.
Einfach, sehr bescheiden, aber ungemein
gastfreundlich. Als Student sei Ratzinger nie

als übertrieben fromm aufgefallen, sondern
als völlig normal und immer darauf bedacht,
ein guter Christ zu sein.

◊

Nach dem Schlussexamen in Theologie im
Sommer 1950 mußte Joseph Ratzinger gleich
zwei große Prüfungen bestehen. Er schrieb an
seiner Dissertation mit dem Thema `Volk und
Haus Gottes in Augustins Lehre von der
Kirche´ und er bereitete sich auf seine
Priesterweihe vor. Da er so viel um die Ohren
hatte, unterstützten ihn seine Geschwister
tatkräftig. Schwester Maria tippte Tag und
Nacht an der Doktorarbeit, Bruder Georg
nahm ihm die praktischen
Vorbereitungsarbeiten für die Priesterweihe
und Primiz ab. Die Dissertation wurde
pünktlich zum Abgabetermin fertig und im
Juni 1951 erfolgte das Sakrament der
Priesterweihe, welches Kardinal Faulhaber
Joseph Ratzinger, seinem Bruder Georg und
etwa vierzig anderen spendete.

Joseph Ratzinger beschreibt diesen Tag als einen Höhepunkt seines Lebens.

Bei seiner Priesterweihe flog im Moment, als der greise Erzbischof ihm die Hände auflegte, ein kleiner Vogel in die Kuppel des Domes und zwitscherte dabei fröhlich sein Lied. Dem jungen Priester erschien das wie ein gutes Zeichen, ein Hinweis auf dem richtigen Weg zu sein.

Was seine Habilitation anging, wäre Joseph Ratzinger beinahe "durchgefallen"... Das kam so: Das Thema der Habilitationsschrift `Geschichtstheologie des Heiligen Bonaventura´ war von Professor Gottlieb Söhngen vorgeschlagen und auch von ihm genehmigt worden. Der Koreferent allerdings – Professor Michael Schmaus – lehnte die

Arbeit ab. Er fühlte sich von Ratzinger in der Habilitationsschrift kritisiert und wollte sie daher nicht durchgehen lassen. Joseph Ratzinger war verzweifelt. Es war nicht nur verletzter Stolz – gerade hatte er seine Eltern in seiner Wohnung aufgenommen, nachdem sie ihr Haus in der Nähe von Traunstein verkauft hatten. Seine Sorge war, dass er für die Eltern nicht mehr sorgen könne, wenn er seine Wohnung aufgeben musste, die an seine Arbeit an dem Freisinger Priesterseminar gebunden war.

Zu seinem Glück entdeckte Ratzinger kurze Zeit später, dass ein Teil der Habilitationsschrift nicht beanstandet worden war, die er in wenigen Wochen umschrieb und erneut vorlegte. Diesmal wurde sie angenommen.

Während ihrer Zeit als Seminaristen wurden die beiden Ratzinger-Brüder „Orgel-Ratz" und „Bücher-Ratz" gerufen. Georg Ratzinger, der später Domkapellmeister in Regensburg wurde, wegen seiner Liebe zur Musik. Und Joseph wegen seiner Neigung zu Büchern und Wissenschaft.

Introibo ad Altare Dei

Am 1. August 1951 wurde der junge Priester
Joseph Ratzinger Kaplan in der Pfarrei Heilig
Blut in München. Pfarrer Blumschein als sein
direkter Vorgesetzter sagte ihm in Anspielung
auf den Heiligen Augustinus, dass ein Priester
von Innen her "glühen" müsse. Blumschein
war darin ein Vorbild und Ratzinger machte
sich dieses `Glühen´ zu eigen. Bald jedoch
wurde er gewahr, dass das `Glühen´
gleichbedeutend war mit einer riesigen
Arbeitslast: 16 Religionsstunden in fünf
verschiedenen Klassen, zwei Sonntagsmessen,
täglich eine Stunde Beichte hören, an
Samstagnachmittagen sogar vier Stunden
Beichte; während der Woche Beerdigungen
auf den Friedhöfen der Stadt, überdies war er
für die ganze Jugendarbeit alleine
verantwortlich. Hinzu kamen Taufen und
Hochzeiten. Kaplan Ratzinger entschloss sich,
es seinem Pfarrer Blumschein gleich zu tun.
Trotz der großen Verantwortung bereitete
ihm die Arbeit mit allen Gläubigen, besonders
aber mit den Kindern und ihren Eltern viel
Freude.

Ratzingers Berufung an das Freisinger
Priesterseminar im Oktober 1952 machte ihm
insofern zu schaffen, dass er zwar einerseits
wieder wissenschaftlich arbeiten wollte und
konnte, auf der anderen Seite jedoch am
Verlust all der menschlicher Erfahrungen und
Beziehungen litt, die ihm die Seelsorge
gebracht hatte.

*Der junge Professor Ratzinger war überaus
angeregt vom pulsierenden Leben
an der Universität
– er schien seine Bestimmung
gefunden zu haben.*

Einer von Professor Ratzingers ersten
Studenten war der heutige Pfarrer Elmar
Gruber. Er erinnert sich noch genau, wie
Ratzinger am ersten Tag - es war im Jahre
1954 - in der Freisinger Hochschule an das
Lesepult heran trat. Der Hörsaal war voll
besetzt, doch kein Mucks war zu hören.
Voller Spannung erwarteten die Studenten
ihren neuen Professor, der mit seinen
27 Jahren kaum älter war als sie selbst.
Ratzinger sei bei dieser Gelegenheit etwas
blass gewesen, so Gruber, habe aber
durchaus selbstbewußt gewirkt. Das Thema
seiner Antrittsvorlesung ist ihm bis heute im
Gedächtnis geblieben: Wahrheit ist Person.
Wahrheit wird durch Liebe erkannt. Für
Gruber und viele seiner Mitstudenten ist diese
Formulierung zum Leitmotiv für ihr Studium,
für ihren Beruf, für ihr ganzes Leben
geworden.

Joseph Ratzinger wurde, da er eher klein von Wuchs ist und sehr bescheiden auftritt, zeit seines Lebens oft unterschätzt. Das zeigt auch folgende Geschichte: Zum Korbiniansfest versammelten sich viele geistliche Honorationen in Freising – Pfarrer, geistliche Räte, Dekane mit rotem Beff (Scheitelkäppchen) und Kammerer mit blauem Beff. Sie alle stellten sich auf zum Einzug in den Dom – nur der junge Professor Ratzinger stand etwas abseits. Wer ihn nicht kannte, konnte ihn für einen einfachen Studenten halten. Plötzlich begann ein älterer Dekan auf den völlig verdutzten Ratzinger einzuschimpfen – denn er habe ihn, so warf er ihm vor, nicht richtig gegrüßt. Darauf hin entschuldigte sich Ratzinger, was den Dekan jedoch nicht davon abhielt weiter zu schimpfen. Ratzinger entschuldigte sich ein zweites Mal, was den Dekan fast noch wütender zu machen schien, denn er rief laut, dass eine solche Art der Zurückhaltung eine rechte Frechheit sei. Erst als dem Dekan klar gemacht wurde, dass Ratzinger bereits einen Professorentitel trüge, wurde er leise. Und sehr betreten. Nun war die Entschuldigung an ihm.

Ratzinger war dafür bekannt, dass er meist ohne schriftliches Konzept sprach. Die Worte flossen ihm von den Lippen – er redete quasi druckreif. Ohne Versprecher und Wiederholung erhielt man als Student ein glasklares Konzept, wenn man mitgeschrieben hatte.

Für die Zuhörer war das Besondere und Neue seiner Reden, dass er aus dem Stegreif faszinierende Bilder, Zeichen und Symbole erschuf, mittels derer er seine Worte unterstrich. Somit konnte er verbal viel tiefer in das Geheimnis Gottes eindringen, als das sonst durch gebräuchliche Definitionen und Formulierungen möglich ist.

Einer seiner damaligen Studenten erklärt das `Phänomen Ratzinger´ so: "Seine Stärke ist das meditative, reflexive Denken, durch die er seine Hörer begeistern konnte. Er sprach Geist und Emotionen gleichermaßen an.

Gerade seine rationale Begabung in Verbindung mit seiner Sprachgewandheit rief uneingeschränkte Bewunderung hervor."

Spricht man seine ehemaligen Studenten auf
`ihren´ Professor Ratzinger an, so geraten sie
ins Schwärmen: Sein Wissen war schier
grenzenlos. Es bezog sich aber nicht nur auf
Sachverhalte, sondern Ratzinger wußte auch
immer genau, was seine Studenten konnten
und was nicht. Dabei verhielt er sich
ungemein fair - bei Prüflingen hat er immer
nur das abgefragt, was sie beherrschten.
Auf diese Weise hat der ein oder andere ihm
sogar sein Studium zu verdanken...

Wenn Ratzinger an manchem Maisonntag die
Predigt im Freisinger Dom hielt, war das
Kirchenschiff voller Menschen. Es hatte sich
allmählich herum gesprochen, dass es eine
Wonne war ihm zuzuhören. Einige der älteren
Professorenkollegen schlichen durch den
Seiteneingang in den Dom, denn sie hatten
Hemmungen, als Hörer des viel jüngeren
Kollegen (Ratzinger war damals ja noch keine
30 Jahre alt) erkannt zu werden.

Im späten August 1959 starb Ratzingers Vater. Vor seinem Ableben hatte die gesamte Familie noch einmal Gelegenheit, sich um sein Bett zu versammeln. Obgleich der Vater ihnen nicht mehr antworten konnte, sprachen seine Frau und die drei Kinder mit ihm und spürten deutlich, wie er dankbar ihre liebenden Worte aufnahm. Nach des Vaters Tod erschien Ratzinger die Welt ein Stück leerer und er empfand, dass ein Teil seines Zuhause in die andere Welt verlegt worden war.

Vier Jahre später, im Winter 1963, starb Ratzingers Mutter. In den letzten Wochen vor ihrem Tod war ihre Güte, so Ratzinger, "noch reiner und strahlender geworden" und wurde selbst durch den Krebs, unter welchem sie litt, nicht gemindert. In dieser "strahlenden Güte" erkannte er ihren starken Glauben, in dem und von dem sie lebte.

Nachdem Ratzinger mit 30 Jahren Professor der Fundamentaltheologie und Dogmatik an der Philosophisch-Theologischen Hochschule Freising geworden war, erhielt er im Sommer 1958 einen Ruf an den fundamentaltheologischen Lehrstuhl der Universität Bonn. Am 15. April 1959 begann er dort seine Vorlesungen vor einer sehr großen Zahl begeisterter Studenten. Ratzinger war von Anfang an sehr gerne in Bonn – die Überschaubarkeit der Stadt, die hübsche Anlage der Universität hatten es ihm angetan. Jeden Tag führte sein Weg durch den Hofgarten, der in jenem Frühling üppig blühte und eine fast verschwenderische Pracht an Blumen und Ziersträuchern zeigte.

◊

Aus seiner Zeit an der Rheinischen Friedrich-Wilhelm-Universität ist folgende Anekdote überliefert: Da sich Ratzinger für Bonn entschieden hatte und nicht dem Ruf der Uni München gefolgt war, wollten die Studenten der theologischen Fakultät ihn mit einem

Fackelzug ehren. Dieser mußte aber aus unterschiedlichen Gründen zweimal verschoben werden. Auf diese Weise kam der Lichterzug nie zustande, denn Ratzinger folgte schließlich einem Ruf nach Münster. Er war gar nicht so traurig um den Ausfall der Feierlichkeit – es wäre ihm ohnehin zuviel Bremborium um seine Person gewesen.

Georg Ratzinger erzählt gerne die Anekdote, wie sein Bruder Joseph – bereits zum Professor für Dogmatik und Dogmengeschichte an der Universität Regensburg ernannt – Schwierigkeiten mit der Polizei bekam: Es war bei seiner Übersiedelung nach Süddeutschland im Jahre 1969. Ein befreundeter Theologe, Direktor einer privaten Hochschule im Schwarzwald, hatte Ratzinger angeboten ihm bei seinem Umzug zu helfen. Ratzinger besaß ja nicht viel und der Direktor hatte richtig eingeschätzt, dass seine gesamten Möbel und Utensilien in einen PKW passen müssten.

Dennoch – es wurde eng. Die beiden Männer verschwanden in dem Wagen zwischen Koffern und Kartons, Büchern und Taschen. Kurz gesagt: Der `Umzugswagen' sah nicht besonders vertrauenerweckend aus. Dies fiel auch sogleich einem diensthabenden Regensburger Polizisten auf, der das Auto anhielt und nach den Papieren der Insassen fragte. Der Direktor als Fahrer des Wagens zeigte seinen Führerschein, in welchem sein Wohnort mit dem hübschen Namen `Bierbronnen´ vermerkt war. Da verzog der Schutzmann seinen Mund zu einem Lächeln und sagte: „Ja, aus Bierbronnen san' S'' und dachte dabei wohl an ein schönes Maß Bier, dass er sich nach Dienstschluss im nahen Wirtshaus genehmigen würde. Die beiden Theologen durften also weiterfahren und wurden von dem Polizisten mit den Worten verabschiedet: „Vergelt`s Gott, Sie dürfen weiterfahn ... Aber bis Italien kommen'S nimma!"

Starallüren sind und waren Joseph Ratzinger immer fremd. Er ist und bleibt ein bescheidener Mensch, obgleich ihm schon in jungen Jahren - als er in Regensburg lehrte - ein legendärer Ruf vorauseilte. Seine Seminare waren voll, seine brillanten Vorträge wurden sowohl von den Studenten wie auch von den Kollegen hoch geschätzt. Was aber genau machte damals die Faszination Ratzingers aus? Siegfried Wiedenhofer, damals sein Assistent, faßt es so zusammen: „In den Seminaren hat er sicher keine großen didaktischen Experimente gemacht, aber er hatte die Gabe, auch aus ganz simplen Antworten noch etwas Sinnvolles und Wichtiges herauszuholen und sie als Versuche des Selbstdenkens anzuerkennen. Diese Gabe kam vor allem in den Doktoranden-Kolloquien zum Tragen, wo der Ausländeranteil sehr groß war, weswegen schon die Sprachverständlichkeit ein Problem darstellte.“

Im Gegensatz zu Johannes Paul II., der ein
großer Sportsmann war, ist Ratzinger nie
sportlich aktiv gewesen. Wahrscheinlich sind
ihm nicht einmal die Namen der populären
Fußballgrößen geläufig. Dennoch soll er sich
einmal ein Fußballspiel angesehen haben, bei
welchem die Regensburger Mannschaft
siegreich war. Man erzählt, dass er
aufgesprungen sei und laut gejubelt habe:
„Und es gibt doch einen Fußballgott!"

Kardinal Ratzinger hatte stets die Gewohnheit
täglich einen kleinen Spaziergang zu machen.
Gerne auch unerkannt, da er beim Gehen
nachdenkt und nicht angesprochen werden
möchte. Eines Tages wanderte er durch die
Altstadt von Regensburg. Am Fischmarkt
bemerkte er vor einem Wirtshaus einen
kleinen Jungen, der weinte. Ihm war sein
neues Comic-Heft in die Pfütze gefallen und
nun konnte er es nicht mehr lesen. Der
Kardinal bückte sich, hob das Heftchen auf,
mit dessen Titel `Batman´ er nichts

anzufangen wußte, und daher zitierte er schmunzelnd einen Buchtitel des Papstes Johannes Paul II: ‚Auf, lasst uns nach Hause gehen!' Der Junge kam dieser Aufforderung sofort nach und lief seines Weges. Das Weinen hatte er vergessen.

Als Theologieprofessor und als Kardinal wurde Ratzinger jahrelang vom DDR-Geheimdienst bespitzelt. Bis zu acht „inoffizielle Mitarbeiter" waren seit 1974 auf ihn angesetzt. Die Stasi warf Ratzinger vor allem sein Engagement für Franz Josef Strauß im Wahlkampf vor und seine Freundschaft zu dem polnischen Kardinal Wojtyla, dem späteren Papst Johannes Paul II. Außerdem fürchtete man seinen Einfluß auf die Gläubigen in Lateinamerika – Ratzinger war als vehementer Gegner des Kommunismus bekannt. Akten über Akten wurden zu seinem „Fall" angelegt - was die DDR mit ihrer aufwendigen Spionage letztlich beabsichtigte bleibt unklar.

*Johannes Paul II.
verband mit Kardinal Ratzinger von Anfang
an eine enge Beziehung und ein Gleichklang
ihres tiefen Glaubens. Nicht umsonst machte
ihn Johannes Paul II. zum wichtigsten
Kurienkardinal.*

Im März 1977 trat Joseph Ratzinger die
Nachfolge des im Jahr zuvor verstorbenen
Julius Döpfner als Erzbischof von München
und Freising an. Kurz darauf sollte Ratzinger
seinen 50. Geburtstag feiern – dies gedachte
er mit genau 50 Gästen zu tun. Als dann der
eine oder andere Geladene an diesem Termin
verhindert war, bat er entfernte Verwandte
sowie die Familie eines befreundeten
Kaufmanns zu seinem Fest. Doch wieder gab
es Absagen und die Gästeliste mußte
erneuert werden, indem einige nachgeladen
wurden. Schließlich kamen 56 Menschen an
seinem Ehrentag zusammen. Ein paar von
ihnen hatte Bischof Ratzinger noch nie in
seinem Leben gesehen – er ließ sich jedoch
nichts anmerken und integrierte die
`Fremden´in sein Fest als seien es Freunde.

Im Juni 1977 erhob Papst Paul VI. den nur 50
Jahre alten Deutschen Joseph Ratzinger zum
Kardinal. Drei Jahre später berief ihn Papst

Johannes II. zum Präfekten der
Glaubenskongregation nach Rom. Ratzinger
war gar nicht so beglückt über diese
`Beförderung´, denn seine neue Aufgabe gilt
als eine der schwersten innerhalb der Kirche.
Ratzinger, der sich gerne intellektuell sehr
intensiv mit Fragen auseinander setzt und ein
Thema von verschiedenen Seiten beleuchtet,
mußte den Glauben vor allem bewahren,
verteidigen, entscheiden, urteilen,
auch verurteilen.

◊

Selbst in seiner Eigenschaft als Präfekt der
Glaubenskongregation erklärte Ratzinger, er
würde es niemals wagen, seine eigenen
theologischen Ideen der Kongregation
aufzudrängen. Alle Beschlüsse der obersten
Glaubensbehörde würden immer in einer
weltweiten Zusammenarbeit mit Bischöfen,
Theologen und Kommissionen gefasst.

Sein immerwährender Einsatz für den Erhalt des Glaubens brachte Kardinal Ratzinger eine Fülle von Witzen ein, die man über ihn machte. So wurde erzählt, Ratzinger würde nicht beten "Lieber Gott, mach mich fromm, dass ich in den Himmel komm", sondern "Lieber Gott, ich mach Dich fromm, wenn ich in den Himmel komm!" Am meisten hat er wohl selber darüber gelacht.

Während einer schweren Auseinandersetzung mit einem Teil der deutschen Bischöfe über den Ausstieg aus der Schwangerenkonfliktberatung kursierte der böser Witz, Ratzinger habe sich ein französisches Bett bestellt, damit er sich auch noch im Schlaf quer legen könne.

Wegen seines geschliffenen Redetalents und seiner begnadeten Formulierungsfähigkeit erhielt Benedikt XVI. als Kardinal den Beinamen `Goldmund' – eine Anspielung auf Hermann Hesses Werk `Narziss und Goldmund´, den Ratzinger zu seinen Lieblingsschriftstellern zählt.

Bei einem Spaziergang durch das abendliche Rom kläffte Joseph Ratzinger ein Hund an. „Ja, weißt du denn nicht, wen du vor dir hast?", fragte ihn der Kardinal und tätschelte dem aufgeregten Hund furchtlos den Kopf. Der Köter trollte sich.

Joseph Ratzinger schaltet selten den Fernseher an. Doch soll ihm eine Sendung besonders gefallen haben: `Drei Engel für Charlie´. Einer der Engel, dargestellt von der blonden US-Schauspielerin Farrah Fawcett, hatte es Ratzinger wohl angetan, denn sie war für ihn wie eine moderne Version der Mutter Gottes. Dies hat er angeblich seinem Sekretär `gebeichtet´, aber die Geschichte ist nicht verbürgt...

Der Heilige Vater fühlte sich schlecht. Kardinal Ratzinger schlug vor: „Heiliger Vater, wir gehen in die Sauna!" Am nächsten Tag meinte der Heilige Vater, dass ihm dies sehr gut getan hätte: "Bruder Joseph, heute wollen wir wieder in die Sauna gehen!"
Doch der Kardinal meinte, dass dies nicht gehen würde: „Heiliger Vater, heute ist eine gemischte Sauna!" „Ach was, Bruder Joseph, die paar Evangelischen halten wir auch noch aus!"

Kardinal

Johannes Paul II., Kardinal Ratzinger und
Kardinal Lehmann gehen am See Genezareth
entlang zu einer Konferenz. Da sie leicht
verspätet sind, schlägt der Papst vor:
"Kommt, lasst uns über den See gehen" und
springt sogleich von Ratzinger gefolgt hinein.
Kardinal Lehmann zögert einige Zeit und
betritt dann ebenfalls den See, in dem er
jämmerlich untergeht. Ratzinger daraufhin
zum Papst: "Wir hätten ihm sagen sollen, wo
die Steine liegen." Daraufhin der Papst:
"Welche Steine?"

◊

Eines Abends war Kardinal Ratzinger bei
Johannes Paul II. zu einem Gespräch
eingeladen. Der Papst schlug vor, ein
Gläschen Rotwein zu trinken. Man rief eine
der Schwestern, die den päpstlichen Haushalt
führen, und bat sie recht höflich eine Flasche
zu bringen und diese dann auch zu öffnen.
Sie brachte daraufhin einen sehr guten
Bordeaux, doch die Flasche ließ sich auch

nach mehreren Versuchen nicht öffnen. Da fragte Kardinal Ratzinger mit einem verzweifelten Blick auf die Rotweinflasche: „Wie kann Gott dies zulassen?"

Wenn Kardinal Ratzinger in Gedanken ist, vergißt er schon mal die Welt um sich. Einmal wollte er eine heilige Messe lesen – und vergaß seine Kardinalskappe aufzusetzen. Gerade noch rechtzeitig machte der Messdiener ihn auf diese `Schusseligkeit´ aufmerksam. Rasch eilte Ratzinger zurück in die Sakristei, um seine Kappe zu holen, kehrte jedoch nicht wieder zurück. Fünf Minuten vergingen, dann zehn. Die Gläubigen im Kirchenschiff wurden langsam unruhig. Was war mit ihrem Kardinal geschehen? Wie sich später herausstellte, war Ratzinger wohlauf. Er hatte lediglich in Gedanken versunken sein Messgewand aus- und sein Alltagsgewand angezogen und sich nach Hause begeben. Dort fand man ihn an seinem Schreibtisch sitzend.

Vor ein paar Jahren aß Ratzinger mit ein paar ehemaligen Studienfreunden in einem Restaurant in München zu Mittag. Man unterhielt sich angeregt – über die Ehe und die damit verbundenen Schwierigkeiten, deren Folge die stetig zunehmende Zahl von Scheidungen sind. Da bemerkte Ratzinger nur trocken: "Wenn die Ehe wirklich so kompliziert ist, dann sollte der Zölibat auch für Laien gelten!"

Joseph Ratzinger hat mehrere Dutzend Bücher geschrieben. Er galt als der Polizist und Haustheologe des alten Papstes. Er war einst das Ohr und die Stimme von Johannes Paul II. Ein Vertrauter sagt, dass sie Deutsch miteinander ratschten. Und dass Johannes Paul II. ihn mit dem Spitznamen `Bruder Joseph' neckte.

Der Papst liebt seine Heimat über alles. Als er 1982 nach Rom abberufen wurde, verabschiedete er sich mit den Worten: „Etiam Romae, semper civis bavaricus ero!" (Auch in Rom werde ich immer Bayer bleiben).

Wie sehr Ratzinger ein Mann des Wortes ist, der rasch und aus dem Stehgreif ergreifende Reden improvisieren kann, zeigt folgende Anekdote: Seine letzte große Predigt in Deutschland vor seiner Wahl zum Papst hielt Ratzinger an Christi Himmelfahrt 2004. Auf der Fahrt zur Messe im Auto sinnierte Ratzinger laut, dass er sich schnell überlegen müsse, was er gleich sagen werde. Denn er sprach vor Tausenden von Menschen, die Medien waren zugegen, die Messe wurde live übertragen. Nach dem Ende der Predigt war die allgemeine Begeisterung so groß, dass viele Journalisten um das Skript baten, um daraus zu zitieren. Kaum einer von ihnen wollte glauben, dass der Kardinal ohne abzulesen gesprochen hatte.

„Liebe Brüder und Schwestern.
Nach dem großen Papst Johannes Paul II.
haben die Herren Kardinäle mich gewählt,
einen einfachen, demütigen Arbeiter im
Weinberg des Herrn."

Papst Benedikt XVI.

Nach der Wahl des deutschen Kardinals zum Papst haben viele Römer auf dem Petersplatz geäußert: „Dieser so tiefgründige Papst formuliert alles so schön, daß wir es auch wirklich verstehen!"

◊

Es gibt das hartnäckige Gerücht, dass am 19. April, als Ratzinger um 18 Uhr zum Papst gewählt war, die päpstlichen Hofschneider nicht auf ihn vorbereitet gewesen seien. Im Ankleideraum neben der Sixtinischen Kapelle lagen angeblich drei Gewänder bereit: ein langes, ein breites und eines für Untersetzte – und keines soll gepasst haben. Die Soutane war demnach viel zu kurz, die Pantoffeln viel zu eng und aus den halblangen Ärmeln habe ein abgewetzter schwarzer Pullover hervorgeguckt. Welcher der Hofschranzen dieses Gerücht in die Welt gesetzt haben mag – er hatte übersehen, dass Ratzinger, schmächtig von Statur, die meisten Sachen viel zu groß sind.

Kurz nach der Papstwahl trafen sich die deutschen Mitglieder des Konklaves mit der Presse. Die Kardinäle waren alle aufgekratzt, kamen sie doch gerade von einem Abendessen mit Benedikt XVI., wo es zum Schluss noch ein Glas Sekt gegeben hatte. Sie meinten, dass da eine `Bombenstimmung´ beim Essen geherrscht hatte. Das Gespräch kam schnell auf die Papstwahl. Georg Sterzinsky, der Kardinal von Berlin und Friedrich Wetter, der Erzbischof von München und Freising wie auch der Erzbischof von Köln, Joachim Meisner und der Vorsitzende der Deutschen Bischofskonferenz, Kardinal Karl Lehmann waren sehr froh über das Wahlergebnis. Sie waren natürlich alle glücklich, dass jemand Papst war, der sie gut kannte; dass Benedikt XVI. einer der ihren war. Und dass Benedikt der neue Papst weltweit so ein hohes Ansehen genoss. Geschichten über die Papstwahl fingen an, zu kursieren. Eine davon war, dass als Benedikt XVI. aus dem `Zimmer der Tränen´ kam, es so aussah als hätte er sein weißes Papst-Käppchen vergessen. Aber dann wurde es klar, dass er das Käppchen wohl auf hatte; man konnte es nur nicht wegen seiner weißen Haare sehen. Aus dem Konklave hörte man so zu sagen hinter vorgehaltener Hand, dass als Benedikt XVI. gewählt war, alle Kardinäle ihm Beifall gezollt hatten. Oder, dass während die Strichlisten bei der Wahl geführt wurden und die Zahl 77 für Benedikt XVI. erreicht war, also die Zahl mit der er schon als gewählt galt, jemand rief: "Weitermachen!" Als Kardinal Joachim Meisner von Köln Benedikt XVI. dann zu seiner Wahl gratulieren wollte, sagte der von sich aus: "Du, ich komme nach Köln." Das bedeutete, dass er zu dem Weltjugendtag in Köln komme wollte, zu dem ursprünglich sein Vorgänger, Papst Johannes Paul II., eingeladen worden war. Das hat Kardinal Meisner natürlich sehr gut gefallen und den Organisatoren des Weltjugendtages fast noch besser.

Mit dem Satz "Und wenn ich einen Fehler mache, korrigiert mich" hatte Johannes Paul II. bei seiner ersten Rede als Papst auf dem Balkon an der Peterskirche den Römern eine große Freude gemacht. Nachdem sein Nachfolger auch vor dem roten Vorhang des Balkons im April 2005 seine Rede gehalten hatte, hatte eine italienische Tageszeitung eine Karikatur gebracht, die genau dieses Bild genommen hatte und Benedikt XVI. hat sagen lassen: "Und wenn ich einen Fehler mache, wehe, wenn ihr mich korrigiert!" Der neue Papst, seit über 25 Jahren in Rom ansässig, hat seine Rede zwar in fehlerfreiem, aber etwas deutsch angehauchten Italienisch gehalten. Es wird aber noch lange dauern, bis er sich jene Zuneigung der Römer erworben hat, die sein Vorgänger genossen hatte, obwohl er sich einen „einfachen Arbeiter im Weinberg des Herrn" nannte. Die italienische Presse bedachte Ratzinger immer wieder mit bösen Spitznamen. So `Il manifesto´, die linksgerichtete Intellektuellenzeitung: Am Tag nach der Wahl titulierte sie zweideutig "Il pastore tedesco" - was `deutscher Hirte´, aber auch `deutscher Schäferhund´ bedeuten kann.

Über die Wahl seines Namens sagte Benedikt XVI. nach seiner Wahl zum Papst: "Ich habe mich Benedikt XVI. genannt, um mich an das Pontifikat des mutigen Friedens-Papstes Benedikt XV. anzulehnen, der den Ersten Weltkrieg zu verhindern suchte. Ich stelle mein Petrusamt in den Dienst der Versöhnung und des guten Einvernehmens unter den Menschen und Völkern. Die Wahl meines Namens knüpft aber auch an den heiligen Benedikt von Nursia an, den `Vater des abendländischen Mönchtums' und Mitpatron Europas."

Nach dem feierlichen Amtsantritt am 22. April 2005 war ein deutlicher Wandel an dem vormaligen Präfekten der Glaubenskongregation zu erkennen. Joseph Ratzinger schien erleichtert zu sein, war gelockerter, fröhlicher. Vom früheren deutschen Kurienkardinal hatte er sich schlagartig zum Papst gewandelt, der den Segen `Urbi et Orbi' mit großer Freude erteilte, der mit seinem offenen und nicht gepanzerten Fahrzeug unter dem Jubel Tausender durch die Menschenmassen fuhr, unter dem heftigen Geläut der Glocken von St. Peter. Er segnete die Pilger, von denen viele aus seiner Heimat Bayern nach Rom gekommen waren, erkennbar an ihren bunten Trachten und den weiß-blauen Fahnen, die sie zu Ehren `ihres´ Papstes schwenkten.

Kurz nach der Wahl zum Papst empfing Benedikt XVI. deutsche Pilger. Gleich zu Beginn der Audienz entschuldigte er sich bei ihnen für sein Zuspätkommen. Er habe Vertreter anderer Religionsgemeinschaften getroffen und dies habe länger gedauert als geplant. Und er ergänzte: Als Landsmann wisse er ja, dass Deutsche Pünktlichkeit gewohnt seien. Aber er sei im Laufe der Jahre eben bereits sehr italienisch geworden...

Als Benedikt XVI. in die Papstgemächer umzog, wunderten sich viele Römer über das schlichte Mobiliar des `Papa Tedesco´. Insbesondere die Bücherregale schienen nicht mehr sehr stabil zu sein. Was die Menschen jedoch erfreute war der Anblick eines ganz neuen Trimmrades, das der 81-jährige Leibarzt des Papstes besorgt hatte. Es hieß, der Papst würde täglich eine halbe Stunde darauf trainieren und dabei deutsche Zeitungen studieren.

◊

Bei seinem ersten offiziellen Fototermin als neuer Papst ließ Benedikt XVI. die versammelte Fotografenschar einige Minuten warten. Ungeduldig riefen die Fotografen immer und immer wieder: „Papa Ratzi, Papa Ratzi…" - bis der Papst endlich im Audienzsaal erschien. Lächelnd zollte dieser nun den tatsächlichen `Pararazzi´Beifall für ihr originelles Wortspiel.

Der eher schüchterne Joseph Ratzinger musste sich nach der Wahl zum Papst an seinen Kultstatus erst gewöhnen. Am Kölner Flughafen wurde der Papst im August 2005, anläßlich des Weltjugendtages, wie ein Popstar empfangen: Mit La-ola-Wellen und `Benedetto'-Rufen. Als er kurz nach 12 Uhr sein Flugzeug verließ, wehte eine kräftige Brise und fegte ihm die Kappe vom Kopf. Er versuchte, sie zu erhaschen, gab dann auf und stieg barhäuptig die Gangway hinunter. Die Jugendlichen, die jede seiner Bewegungen folgten, johlten und klatschten begeistert über diese `Coolness´. Als ihm später dann der Wind den Schulterumhang vors Gesicht bliess, lachte Benedikt XVI. sogar. Von da an war bei den jungen Leuten kein Halten mehr: Sie bejubelten den Papst derart, dass Bundespräsident Köhler mit seiner Rede kaum gegen diesen allgemeinen Jubel ankam.

Papst Benedikt XVI. wohnte während des Kölner Weltjugendtages in dem Erzbischöflichen Haus, das ihm Kardinal Meisner für die Dauer seines Besuches abgetreten hatte. Am liebsten hätte er im Gästezimmer des Kardinals genächtigt, um keine Umstände zu machen. Das war aus protokollarischen Gründen jedoch nicht möglich. Daraufhin räumte Kardinal Meisner seine Schränke aus und hängte Bilder ab, von denen er glaubte, sie könnten dem Papst nicht gefallen. Während der Zeit seines Aufenthaltes im Erzbischöflichen Haus trafen so viele Geschenke für den Heiligen Vater ein, dass Kardinal Meisner scherzte, der Papst werde wohl einen zweiten Flieger anheuern müssen, um alles mit nach Rom nehmen zu können.

Seit nunmehr 24 Jahren liefert der Münchner Bankdirektor Taddäus Kühnel einen mächtigen bayerischen Weihnachtsbaum und den dazugehörigen Schmuck an den Vatikan.

Er tut dies aus alter Freundschaft zu Joseph
Ratzinger, den er seit fast dreißig Jahren
kennt. Früher hatte der Banker Ratzinger
chauffiert, wenn dieser privat in München
und Umgebung unterwegs war – weil sich
während der Fahrt die schönsten Gespräche
ergaben. Heute beschränkt sich ihr Kontakt
auf ein paar Telefonate und auf wenige
Besuche... Denn der Kalender des Heiligen
Vaters ist prallvoll. Die Anlieferung des
Weihachtsbaums aber geschieht immer auf
die gleiche Art und Weise: Ein paar Tage vor
Heiligabend schnallt Kühnel die Tanne aufs
Autodach und startet gen Süden – die Strecke
nach Rom fährt er inzwischen wie im Schlaf.
Auch im Innern von Kühnels flotten Mercedes
türmen sich die Gaben: Nürnberger
Lebkuchen, Stollen, Zimtsterne, Marzipan,
Weihnachts-Punsch, Stroh-Engel, glitzernde
Kugeln, Kiefernzapfen aus dem bayerischen
Wald, Andechser Bier, Weißwürstel. Kühnel
ist sozusagen das Christkind des
Heiligen Vaters.

Wie feiert der deutsche Papst aber nun Weihnachten? Er nascht gerne die selbstgebackenen Plätzchen der bayrischen Pfarrhaushälterinnen, die ihm zugesandt werden. Und Lindt-Schokolade sowie Printen. Während Papst Johannes Paul II. polnische Weihnachtslieder sang, spielt Joseph Ratzinger Hausmusik am Flügel, zusammen mit Bruder Georg. Das Personal des Vatikan bekommt zu Weihnachten neben den Segenswünschen einen Panetone und eine Flasche Spumante.

Dann und wann ist Taddäus Kühnel schon mal in der Vorweihnachtszeit nach Rom geflogen. Um Kardinal Ratzinger ein paar besonders schmucke Adventskränze vorbei zu bringen, da man in Italien diesen Brauch nicht kennt. Da passierte es ihm, dass sich der Zollbeamte beim Anblick der Gebinde bekreuzigte und "condoglianze, condoglianze" (Beileid, Beileid) murmelte, weil er sie für Totenkränze hielt. Kühnel, obwohl nicht wirklich abergläublisch, war unangenehm berührt und verlegte den Transport auf die Straße.

Als er mit Ratzinger zum ersten Mal nach dessen Wahl zum Papst beim Mittagessen in Rom beisammen saß, wandte er sich mit den Worten an ihn: "Mei, Herr Kardinal, was meinen Sie denn dazu?" Denn die Wahl seines engen Freundes zum Kirchenoberhaupt konnte Kühnel noch immer nicht so recht fassen... Dann erschrak er über seine falsche Anrede und hob an sich zu entschuldigen. Doch Ratzinger lachte nur und meinte, Kühnel solle sich nichts daraus machen, er werde noch oft so angesprochen.

Durch die Wahl des Ex-Münchners Ratzinger zum Papst sah auch das Fremdenverkehrsamt der bayerischen Landeshauptstadt eine lukrative Quelle sprudeln. Für 95 Euro können Gruppen einen zweistündigen Papst-Rundgang absolvieren: Beginnend an der Mariensäule am Rathaus (wo Joseph Ratzinger 1982 den Münchnern Lebewohl

sagte) über den Alten Peter, den Dom, die
Bürgersaalkirche hin zur Verwaltungszentrale
der Erzdiözese an der Pacellistraße und zur
Wohnung der Münchner Erzbischöfe, dem
Holstein-Palais an der Kardinal-Faulhaber-
Straße. Alles auf deutsch, Fremdsprachen
noch mit Aufschlag.

Als Benededikt XVI. während seines
Deutschlandbesuches die Kölner Synagoge
betrat, wußte er wohl um die Schwierigkeit
dieses Momentes. Er hatte einige Worte
gesagt und wirkte in dem großen Stuhl, der
für ihn bereit gestellt wurde, ein bisschen
verloren. Als er spontan sein Redemanuskript
änderte und an den Satz „Juden und Christen
müssen sich gegenseitig respektieren.." ein
„und lieben!" anfügte, ging ein wohliges
Raunen durch die Reihen der Anwesenden.
Zuvor hatte er mit seinen beiden Händen die
Hand des großen und mächtig wirkenden
Rabbiners Netanel Teitelbaum ergriffen - der
zarte Papst neben diesem gewaltigen Mann.

Für Papst Benedikt zählt das Wort mehr als das Bild oder die große Geste. Um so mehr entscheiden die kleinen Gesten dieses Mannes, die ihn so sympathisch machen. So setzte er sich nach seiner Rede in der Kölner Synagoge und sprang sofort wieder auf, als die Zuhörer ihm `standing ovations´ zollten, als ob er nicht würdig sei, in diesem Moment sitzen zu bleiben.

◊

Papst Benedikt ist kein großer Esser. In Zeiten, in denen er über schwer wiegenden theologischen Problemen sitzt oder Bücher schreibt, kann er seine bescheidene Nahrungsaufnahme noch weiter verringern. Schläft er dann irgendwann spät in der Nacht über seinen Bücher ein, neigt er zum Schlafwandeln und geht wie in Trance zum Kühlschrank, wo immer einige `Hanutas´ für ihn aufbewahrt werden. Wenn diese dann am nächsten Morgen verschwunden sind, weiß seine Haushälterin genau, was in der Nacht zuvor geschehen war.

Am 14. September beendete der Papst seinen
Besuch in Deutschland und flog mit dem
Airbus A 321 „Regensburg" zurück nach Rom.
Über dem Chiemgau machte die Maschine
noch eine Schleife, damit Benedikt XVI. einen
letzten Blick auf seine Heimat – die Städte
Marktl, Tittmoning, Aschau, Traunstein –
erhaschen konnte. Sah er aus der Höhe die
vielen Kinder, die an diesem Tag schulfrei
hatten und zu ihm hinaufwinkten? Oder
ließen die Begegnungen der zurückliegenden
Tage seine Stimme erzittern, als er über Funk
sprach: "... Bietet mir die Gelegenheit das
Traumland meiner Kindheit zu überfliegen...
Wo ich die erste Heilige Kommunion
empfangen habe."

Kaum hatte der Papst deutschen Boden
verlassen, starteten bei Ebay die Auktionen:
Angeboten wurden Rosenkränze,
Pilgertaschen, ein Harmonium, das Joseph
Ratzinger einst bespielt haben soll, und sogar
Wasserflaschen, die den Segen des Papstes

empfangen hatten. Es fanden sich allerdings kaum Käufer, die bereit waren für diese Dinge Geld auszugeben.

◊

In Altötting wird es künftig einen Papst-Benedikt-Platz geben. Er liegt gleich neben dem Kapuzinerkloster St. Magdalena und soll im italienischen Stil gestaltet werden. Allerdings sind die Stadtoberen skeptisch, ob die Mittelmeervegetation in diesen Breitengraden gedeiht.

◊

Das neue Amt scheint Papst Benedikt XVI. einiges abzuverlangen – seit Übernahme des Pontifikats verlor der ohnehin von Natur aus schmächtige Ratzinger ein paar Kilos. Die Folge nun war, dass an einem Tag mehrere Besucher, die der Papst bei Audienzen begrüßte, plötzlich seinen Fischerring in den Händen hielten – er war dem Heiligen Vater vom Finger gerutscht, ohne dass dieser es bemerkte. Die Besucher waren so ehrlich den Ring zurückzugeben, doch Montsignore Gänzwein, Privatsektretär des Papstes, zeigte sich am Abend besorgt und ließ sofort den päpstlichen Juwelier kommen, um das Schmuckstück dem Fingerumfang anpassen zu lassen.

Der Papst hatte Urlaub gemacht in Les Combes im Aosta-Tal und gab eine kleine Pressekonferenz zum Abschied. Ein Journalist erkundigte sich, wie es ihm nach einjähriger Amtszeit als Papst gehe, worauf der Heilige Vater lächelte und meinte: „Ich fange allmählich an, mein Handwerk zu lernen."

Von Gläubigen, von Verehrern, von Anhängern, schlicht: von Papst-Fans aus aller Welt bekommt der Heilige Vater tagtäglich Dutzende Geschenke zugeschickt. Darunter sind – wenigstens für ihn – auch so befremdliche Dinge wie ein iPod. Joseph Ratzinger ist aber technisch vollkommen unbedarft, so dass er das kleine Abspielgerät anfangs für eine moderne Form der Streichholzschachtel gehalten haben mochte. Ein Insider meinte hierzu, dass er das Geschenk etwas ratlos zu Seite gelegt und sich dann an sein altes Piano gesetzt habe, um ein paar Stücke von Mozart, Bach und Palestrina zu spielen.

Als der Papst während des Weltjugendtages am Rhein entlang fuhr, säumten Tausende von Menschen die Straßen und scheuten sich auch nicht bis weit über die Knie im Wasser zu stehen als sei es der heilige Fluss Ganges. Die Menschen jubelten, sie johlten, sie klatschten. Kardinal Meisner machte Joseph

Ratzinger darauf aufmerksam und ermahnte ihn, sich jetzt volksnäher zu geben und nicht nur zu reden, sondern der Menge auch zuzuwinken. Der Heilige Vater wehrte sich dagegen mit den Worten, Meisner möge ihn bitte nicht so herumkommandieren. „Ach, Heiliger Vater," entgegnete Meisner, „du bist doch so intelligent – das Winken lernst du auch noch in deinem Alter sofort."

Manch ein Vatikan-Beobacher will bei Benedikt XVI. einen neuen Hang für modischen Schnickschnack ausgemacht haben. Tatsächlich trägt der Papst neuerdings schickes Schuhwerk von Prada und Laufschuhe von Geox. Auch eine Sonnenbrille der Insider-Marke Serengeti-Bushnell ist an ihm gesichtet worden... Bei all diesen Dingen handelt es sich allerdings um Geschenke und der Papst benutzt sie, weil sie nun einmal da sind. Würde es nach ihm gehen, trüge er noch immer seinen einfachen Anzug mit Priesterkragen, ab und an eine Baskenmütze und jenen alten, abgewetzten Pullover, der nach seiner Papstwahl unter dem rasch übergeworfenen päpstlichen Gewand hervorlugte.

Über seinen Humor äußerte sich Benedikt XVI. bei seinem ersten Fernseh-Interview im Sommer 2006 so: „Ich bin nicht ein Mensch, dem dauernd viele Witze einfallen. Aber sozusagen das Lustige im Leben zu sehen, und die fröhliche Seite daran und alles nicht ganz so tragisch zu nehmen, das ist mir schon sehr wichtig, und ich würde sagen: für mein Amt auch notwendig. Irgendein Schriftsteller hatte gesagt, die Engel können fliegen, weil sie sich leicht nehmen. Und wir könnten auch ein bisschen mehr fliegen, sozusagen, wenn wir uns nicht ganz so schwergewichtig nehmen würden."

Wenige Tage nach seiner Wahl zum Papst besuchten Benedikt XVI. einige seiner bayerischen Landsleute. Ihnen gegenüber sprach der Pontifex recht offen über seine Gemütslage während der Stunden der Entscheidung am 19. April: „Als langsam der Gang der Abstimmung erkennen ließ, dass sozusagen das Fallbeil auf mich herabfallen würde, war mir ganz schwindelig zumute. Ich hatte geglaubt, mein Lebenswerk getan zu haben. Ich habe mit tiefer Überzeugung zum Herren gesagt: Tu mir dies nicht an!" Ein kleines Schmunzeln bei diesen Worten konnte er sich allerdings nicht verkneifen.

Bei seinem Deutschland-Besuch verbrachte der Papst auch einige ganz private Stunden im Hause seines Bruders Georg Ratzinger. Nachdem sie zusammen Klavier gespielt hatten aßen die beiden Brüder zu Mittag: Als Vorspeise eine Breznsuppe, danach Zwiebelrostbraten und Spätzle mit grünem Salat, Tomaten und Karottengemüse. Als

Dessert eine Ananascreme. Alles gekocht und serviert von Agnes Heindl, Haushälterin von Georg Ratzinger. Den anschließenden Abwasch haben die Brüder gemeinsam gemacht, wobei der Papst immer gerne den Part des Abtrocknens übernimmt.

Der Papst ist noch immer ein Pentlinger Bürger – seit 35 Jahren ist er in der kleinen Regensburger Stadtgemeinde gemeldet. 1970 baute er sich dort ein Haus und konnte dieses sieben Jahre lang bewohnen, ehe er im Jahre 1977 zum Erzbischof von München ernannt wurde. Aber er auch in seinem neuen Amt kehrte Ratzinger immer wieder nach Hause zurück – in den Ferien, an manchen Wochenenden und zu Weihnachten. Sein „Häusle" nennt er sein Eigenheim in der Bergstraße 6.

„Ich stelle mein Petrusamt in den Dienst der Versöhnung und des guten Einvernehmens unter Menschen und Völkern."

Benedikt XVI.

Auch als Kardinal Ratzinger zum Papst
gewählt wurde, blieb er der unkomplizierte
Mensch von früher. Er aß zunächst mit den
Herren Kardinälen im vatikanischen
Gästehaus Sancta Martha und ging dann
seelenruhig – wohl ein letztes Mal in seinem
Leben – für kurze Zeit in seine alte Wohnung.

Kardinal Ratzinger pflegte von Kindheit an
eine enge Beziehung zu seinen Geschwistern
Maria und Georg. Sein Bruder war ebenfalls
wie er zum Priester geweiht worden, seine
Schwester wurde später bis zu ihrem Tod
seine Haushälterin und begleitete ihn nach
Rom. Gemeinsam gingen sie oft zum Campo
Santo Teutonico, dem deutschen Friedhof. Sie
sprachen über ihre so sehr geliebten Eltern,
betrachteten das Treiben der Katzen und
vergaßen dabei `Gott und die Welt´.

Für viele Menschen, die Kardinal Ratzinger bisher nur als unerbittlichen Präfekten der Glaubenskongregation gesehen hatten, war es eine Freude, wie herzlich Papst Benedikt nach seiner Wahl auf die Menschen zuging, Kinder küsste, sie segnete und ergriffen war von all der Begeisterung, die im entgegen gebracht wurde.

Regelmäßig zu Weihnachten besuchte Kardinal Ratzinger seine Freunde, die Familie Richardi aus Pentling. Fotos der Familie zeigen, wie der Kardinal auf dem Boden kniet und mit den Enkelkindern des Ehepaares spielt. An Weihnachten 2003 entdeckte er mitten in der Weihnachtskrippe einige Playmobil-Figuren zwischen der Heiligen Familie. Da ermahnte er die Kleinste der Familie, das diese wohl nicht dazu passten. Das kleine Kind antwortete dem hohen Herrn: „Ich hab' sie reingetan, wenn's Maria und Josef mal schlecht geht.". Da sah der

Kardinal, dass es sich um Krankenschwestern handelte und es verschlug ihm die Sprache.

Der 21-jährige Zivildienstleistende Benjamin Halbe aus Olpe hatte seinen metallicgrauen VW-Golf, der zuvor dem Papst gehörte, im Mai beim Internet-Verkaufshaus Ebay angeboten. Über 8,4 Millionen Interessierte und Neugierige hatten das Angebot angeklickt, nach Angaben des Internet-Auktionshauses mehr als bei jeder Ebay-Auktion in Europa zuvor. Schließlich ging der `himmlische Wagen´ für 189.000 Euro an ein Online-Kasino aus den USA. Benedikt XVI. soll über diese Geschichte nur verwundert den Kopf geschüttelt haben.

Seit Joseph Ratzinger Papst Benedikt ist, wird alles, mit dem er in Deutschland jemals in Berührung gekommen ist, wie die Reliquie eines Heiligen verehrt. Nicht nur der Papst-Golf, auch sein Haus in Pentling in der Bergstraße wird seitdem von Besucherströmen umlagert. Der Papst mußte auf Anraten der Polizei gar eine Alarmanlage installieren lassen. Das Ehepaar, das das Haus des Papstes versorgt, schickt ihm regelmäßig Fotos vom so geliebten Garten, damit er sieht, was alles blüht und gedeiht. Manchmal kommen Menschen und bitten darum, einige Blätter aus dem Garten des Papstes mitnehmen zu dürfen, um ihren kranken Angehörigen damit eine Freude machen zu können.

Vor einiger Zeit erhielt ein irischer Journalist ein Paket vom Geheimsekretär des Papstes, Msgr. Georg Gänswein, aus dem Vatikan. Der Journalist dachte zunächst an eine Bombe, öffnete es dann doch rasch und sprach dabei ein Ave Maria. Im Paket fand er schließlich eine Flasche vom besten Whiskey, dem Old Bushmills Irish Whiskey. Weiterhin lag dort ein kleines Schreiben mit den Worten: ´Seine Heiligkeit erinnert sich an die Wette'. Der Journalist lachte und dachte an die Wette, die er nun gewonnen hatte. Vor Jahren traf er Ratzinger während einer Pressekonferenz, auf der auch die Frage nach dem nächsten Papst gestellt wurde. Er selber hatte – sehr zum Ärger des damaligen Kardinal Ratzingers – eben dessen Namen genannt. Ratzinger schmetterte dies mit dem Blick eines Priesters, der gerade dem Teufel begegnet war, und den Worten ab: "Die Chancen dafür stehen nicht sehr gut." Zur großen Überraschung der anwesenden Kollegen schoss es daraufhin aus ihm heraus: "Wollen Sie wetten?" Ratzinger lachte und erwiderte: "Sie wissen, dass Geldspiele in der Kirche verpönt sind. Doch angesichts der Tatsache, dass Sie ein Ire sind und die Kirche ihrem Volk offenbar eine spezielle Erlaubnis für Geldspiele gegeben hat, weil man das in Ihrem Land so häufig tut, bin ich bereit, für Sie eine Ausnahme zu machen. Was ist der Einsatz?"

Kardinal Ratzinger ist kein politischer oder machtorientierter Mensch. Alles was er erreichte, jede neue Position, die er annahm, läßt sich auf seine intellektuelle Brillianz zurückführen. Seine Motivation war und ist sein tiefer Glaube als katholischer Christ. Unter den Kardinälen galt er als unbestrittene Autorität und unbestechlicher Kollege.

In einem Interview sagte Vinzenz Pfnür, katholischer Theologieprofessor und Kirchenhistoriker der Universität Münster und enger Begleiter Benedikts XVI., er sei als Professor, Bischof und Kardinal immer mit einer großen Herzlichkeit auf den einzelnen Menschen zugegangen. In Bonn habe er seine aus Bayern stammenden Studenten öfter zu sich nach Hause zum Essen eingeladen. Als Bischof sei er mit dem Zug gefahren. Er komme bei den einfachen Leuten sehr gut an. Er sei kein finsterer Sauertopf, sondern ein fröhlicher Mensch, der im kleineren vertrauten Kreis gern lache, Anekdoten erzähle und etwa den Humor Karl Valentins schätze. Nicht umsonst habe er den Orden wider den tierischen Ernst bekommen.

◊

Sein ehemaliger Asssistent und heutige Professor für Dogmatik und Fundamentaltheologie, Siegfried Wiedenhofer, hält Benedikt für einen großen Menschen: "Er ist offen und hilfsbereit in schwierigen Fragen". Ihn als 'autoritären Typus' zu sehen, sei falsch. "Kumpelhafte Nähe hat er nie gekannt", sagte Wiedenhofer, dennoch sei er im Privaten "sehr, sehr locker" und "witzig".

◊

Joseph Ratzinger strahlt eine geistige Souveränität aus, ohne überheblich zu sein. Schließlich kommt in ihm immer wieder die beeindruckende Herzlichkeit seiner Mutter durch. Fest an die Dogmen der Kirche glaubend, ist er immer ein Mensch von großer innerer Weite und Toleranz geblieben. Wie sein großes Vorbild, der Heilige Augustinus, liebt er die Beschäftigung mit den Kardinalfragen des Menschen: Woher, wohin, warum? Dabei bleibt er ganz und gar Mensch, der Mozart und Hesse ebenso genießt wie seine geliebten Weißwürste oder den anregenden Plausch mit Gemüsehändlern und Katzen.

Vielen Journalisten, die Joseph Ratzinger über die Jahre kennengelernt und die ihn zu Beginn oftmals kritisch gesehen hatten, erschien er mit der Zeit immer mehr als wahrhaft überzeugter Christ, heiligmäßiger Priester und bescheidener Mensch.

Papst Benedikt ist ein Mann des Wortes. Wer je mit ihm sprach, ließ sich entzünden, fühlte sich zum Einspruch angeregt oder wurde wirklich nachdenklich. Manchmal formuliert er scharfzüngig – doch ist dies nichts weiter als sein Unverständnis über so manche Dummheit, die in der Welt umher geistert. Bei all seinem überragenden Wissen bleibt er doch immer ein bescheidener Zuhörer, der jedem seiner Gesprächspartner großen Respekt zeigt.

Das Geburtshaus von Benedikt XVI. in der oberbayerischen Gemeinde Marktl am Inn wird zu einem Museum umfunktioniert. Die ehemalige Besitzerin, Claudia Dandl, hatte mit dem von Touristen und Schaulustigen umlagerten Haus so viele Scherereien, dass sie beschloss, es zu verkaufen. Denn manche Papst-Fans wurden, so Dandl, auch handgreiflich. Das ging so weit, dass sich ihre beiden Kinder alleine nicht mehr vor die Tür trauten. Die junge Frau hatte das 1745

errichtete denkmalgeschützte Gebäude vor
sechs Jahren gekauft und liebevoll saniert.
Auch diese Geschichte gehört zu jenen, über
die der Papst nur den Kopf schüttelt.

Papst Benedikt gilt als leidenschaftlicher und
hervorragender Klavierspieler. Er sagte
einmal, dass er sich schon deswegen auf das
Paradies freue, weil er dort endlich den
verehrten Wolfgang Amadeus Mozart
persönlich treffen könne.

Worüber der Papst am meisten lacht... das
sind die Späße von Karl Valentin, die
Ratzinger aus dem effeff zitiert. Manch einer
hat schon gestaunt, wie gut der Heilige Vater
den Komiker imitieren kann. Bereits als junger

Student hat Ratzinger den großen Karl Valentin so sehr verehrt, dass er einen mehrere Stunden dauernden Fußmarsch auf sich nahm, um an dessen Begräbnis teilnehmen zu können. Joseph Ratzinger war daher ungemein stolz, als ihm 1989 der Karl-Valentin-Orden von der Münchner Faschingsgesellschaft verliehen wurde.